Fidel Sendagorta

Por remotas veredas

— HAIKUS

Por remotas veredas

PRIMERA EDICIÓN, diciembre 2023

Satori ediciones
C/ Perú, 12, 33213, Gijón, España
www.satoriediciones.com

Cubierta y maquetación: Marco Recuero
Impresión: Gráficas Eujoa

ISBN: 978-84-19035-69-1
Depósito legal: AS 03181-2023

Impreso en España – Printed in Spain

«Campos, montes, cielo y vientos
todos hacen sentimientos».

Pedro Calderón de la Barca
Judas Macabeo

PRÓLOGO

Lo que me atrajo de Japón desde mi primera estancia fue descubrir otra mirada sobre las cosas, tan diferente a la nuestra y tan sutil. Poco a poco me fui iniciando en esa peculiar sensibilidad que admiramos en jardines, pinturas y poemas. Leí *Sendas de Oku* de Matsuo Basho, y sus haikus, como luego los de Yosa Buson y Masaoka Shiki, me asomaron a otra manera de contemplar la naturaleza. Octavio Paz lo explica así refiriéndose a la influencia de la espiritualidad zen sobre la estética japonesa:

«Se acentúa el lado interior de las cosas: el refinamiento es simplicidad; la simplicidad comunión con la naturaleza. Las almas se afinan y templan. El culto al mundo natural, presente desde la época más remota, se transforma en una suerte de mística».

Este delicado bagaje me acompañará ya siempre. Sin embargo, cuando muchos años después escriba los sonetos que se publicaron bajo el título de *Jardines del tiempo* (Cuadernos del Laberinto, 2021), mis referencias literarias serán aquellas que proceden de nuestra propia tradición poética, de Garcilaso a Borges. Y el encuentro con la naturaleza, que es el motivo central del libro, deberá más a San Juan de la Cruz o a Jorge Guillén que a cualquier maestro japonés.

Quiso el azar o el destino que al poco de publicar estos sonetos regresara a Japón en un nuevo puesto diplomático. La naturaleza seguirá siendo mi principal fuente de inspiración, pero esta vez vuelvo a los haikus no solo como lector sino también como escritor. Y lo cierto es que la forma determina el fondo en gran medida. Lo que en el soneto es recreación en el momento, en el haiku es concentración y apenas un destello.

A título de ejemplo, el otoño está presente tanto en *Jardines del tiempo* como en *Por remotas veredas*. En un soneto:

Vuelan ligeras las hojas furiosas
arrebatadas por un remolino
que hace y deshace danzas caprichosas
hasta que exhaustas caen sobre el camino.

En un haiku, en cambio:

Prende en el monte
el incendio de otoño.
Vuelan las brasas.

Es el mismo viento y son las mismas hojas, pero el resultado es muy distinto. Si el soneto obliga a la disciplina que imponen la rima y la métrica, en el haiku el rigor puede ser aún mayor, por mucho que no sea rimado. Son diecisiete sílabas para transmitir una emoción, y no hay una segunda oportunidad. El desafío me intrigó y quise probar cómo funcionaba este resorte, sencillo solo en apariencia.

Por encima de las particularidades que comporta la forma en el lenguaje poético, yo veo una afinidad de fondo entre la sensibilidad japonesa y la española. La impermanencia, la brevedad de las cosas, está siempre presente en el haiku. La percepción de la belleza es aún más intensa cuando la apreciamos a la luz de su fugacidad. Pero también nos introduce en otro tiempo que es creación constante más allá de los inevitables estragos de la existencia. Y este sentimiento es también muy hondo en el espíritu del estoicismo, manantial de la mejor poesía en español.

Fidel Sendagorta, junio de 2023, Tokio.

PRIMAVERA

Roce de ramas,
polemiza la brisa
con el bambú.

Antes de ayer
eran sombra y silencio
las azaleas.

Inesperado
aguacero de mayo,
taladra el techo.

Tiempo de hortensias,
atardece en el templo
teñido en malva.

Algarabía:
revuelo de vencejos
sobre las tumbas.

Cárdenos lirios:
reflejo en el jardín,
luz en el biombo.

Las hojas nuevas
de hermosos arces viejos
y tu mirada.

El fresco sake
trae aromas de campo
tras el chubasco.

VERANO

Antiguo estanque:
por entre los nenúfares
brillan las carpas.

Un archipiélago
de rocas en el musgo.
Croa una rana.

Breves luciérnagas
de mi mala memoria
velan tu ausencia.

Toda la noche
retumba la tormenta.
Se enciende el sueño.

Brota incesante
el manantial de estío.
Gracia en la sombra.

Un rabilargo
chapotea en la fuente
¡Con qué descaro!

Raudas libélulas
rozan el verde estanque
con brillo eléctrico.

Tarde de estío,
la muerte nos visita,
ahogo y frío.

Locuaz chicharra,
hasta los altos cedros
pierden la calma.

Verde hasta el mar
y el mar inmenso azul.
Vira un velero.

Brisa marina,
reflejos temblorosos
bajo los tilos.

Fin de verano
con latido lunar:
mareas vivas.

OTOÑO

Hojas caídas,
la escoba se las lleva
antes de tiempo.

Prende en el monte
el incendio de otoño.
Vuelan las brasas.

Tapiz de otoño,
rojo, ocre, amarillo.
Lo teje el viento.

Fulgor granate:
no tardarán las ramas
en desnudarse.

Rumor del bosque:
estos colores vivos
son de hojas muertas.

El petirrojo
en un arce otoñal
se desvanece.

Olor a lluvia
que anticipa el chubasco,
luz ya de otoño.

Por la arboleda,
terco rastro de dioses
en la hojarasca.

INVIERNO

Mar gris con islas
de luz que se deshacen.
Azar y brisa.

Bajo la lluvia
resplandece la piedra
con luz lunar.

Koganesaki,
acantilados de oro,
viento que bate.

Ávida niebla,
se quedó con el mar,
quiere mi mente.

Luna de nieve,
canciones de añoranza
templan la helada.

Entre la bruma,
un retorcido pino
se va esfumando.

Nieva en las flores
un sakura glacial:
¡Que terco invierno!

Dulce regreso,
aroma de romero
por las veredas.

SIEMPRE

Tenue y tenaz
como remota nieve:
la Vía Láctea.

Dos peregrinos
caminan por la orilla,
mar y silencio.

Luna entre pinos,
diosa, ceremoniosa
bella de noh.

El cielo entero
se cubría de pájaros
como un eclipse.

Templo escarpado,
ascienden las plegarias
rozando el bosque.

Tarde en las caldas,
el vapor difumina
sueño y verdad.

Fortuito encuentro,
regalo de sonrisa
desconocida.

Conté hasta seis:
los patos sobre el lago,
del agua al cielo.

Senda arriscada
al borde del barranco.
Tiembla el abismo.

Una palmera
rodeada de cedros.
La mece el aire.

El caminante
partió con una pena
que ya es olvido.

Rompen las olas:
su sonora cadencia
sosiega el alma.

Templo escondido,
sigilosas pisadas
y humo de incienso.

Negro brillante,
como un antiguo dios
impera el cuervo.

Jardín de monjes,
un golpe de bambú
despierta el alma.

Altiva sierra
incrustada en el mar
que la socava.

Atardecer
en el oscuro lago:
tesoro hundido.

Lo oigo entre sueños,
ulular en el bosque
lleno de augurios.

En compañía
de todo ya y de nadie:
noche de estrellas.

Noche sin luna,
a lo lejos ladridos
y tenues luces.

Oscura danza:
espasmódicas aves,
luna ultratumba.

Otros pensaron,
senda de los filósofos,
lo que yo siento.

Se caen los libros,
tiembla, cruje la casa.
Y luego, nada.

Humilde puente
sobre el grandioso río:
agua y destino.